TRABAJO

Libros de física para madrugadores

por *Sally M. Walker y Roseann Feldmann*

ediciones Lerner • Minneapolis

La editorial agradece a Michael Grady, Alexandra (Alex) Hunter, Ryan Marquis, Hipocito Soto, Zenaida (ZZ) Soto y Danielle Wold, cuyas fotografías aparecen en este libro.

La edición en español fue realizada por un equipo de traductores nativos de español de translations.com, empresa mundial dedicada a la traducción.

ediciones Lerner
Una división de Lerner Publishing Group
241 First Avenue North
Minneapolis, MN 55401 EUA

Dirección de Internet: www.lernerbooks.com

Library of Congress Cataloging-in-Publication Data

Walker, Sally M.
    [Work. Spanish]
    Trabajo / por Sally M. Walker y Roseann Feldmann ; fotografías de Andy King.
       p.   cm. — (Libros de física para madrugadores)
    Includes index.
    ISBN-13: 978–0–8225–2984–2 (lib. bdg. : alk. paper)
    ISBN-10: 0–8225–2984–X (lib. bdg. : alk. paper)
    1. Work (Mechanics)—Juvenile literature. 2. Simple machines—Juvenile literature. I. Feldmann, Roseann. II. King, Andy, ill. III. Title.
    QC73.8.W65W3518 2006
    531'.6—dc22   2005007903

Fabricado en los Estados Unidos de América
1 2 3 4 5 6 – JR – 11 10 09 08 07 06

CONTENIDO

DETECTIVE DE PALABRAS

¿Puedes encontrar estas palabras mientras lees sobre el trabajo? Conviértete en detective y trata de averiguar qué significan. Si necesitas ayuda, puedes consultar el glosario de la página 46.

cuña

eje

fricción

fuerza

máquina

máquina compleja

máquina simple

palanca

plano inclinado

polea

tornillo

trabajo

¡Nos estamos preparando para una aventura! Alex y Danielle guardan bocadillos en una bolsa.

Capítulo 1

TRABAJO

¡Hoy es sábado! No hay clases. Iremos de paseo al parque a buscar animales.

Primero, empacamos algunos deliciosos bocadillos. Luego conseguimos una cuerda y otras cosas que necesitaremos. Guardamos todo en una caja. Ya estamos listos. Es hora de levantar la caja.

ZZ e Hipocito guardan cosas en la caja.

¡Epa! Parece que llevamos demasiadas cosas. La caja es muy pesada y no la podemos cargar muy lejos.

Cada vez que movemos un objeto de un lugar a otro, hacemos un trabajo. Trabajar un poco no nos molesta, pero cargar esta caja a la puerta sería demasiado trabajo. Necesitamos que el trabajo sea más fácil. ¿Qué haremos?

La caja es muy pesada.

No la podemos cargar hasta el parque.

Podemos arrastrarla por el piso.

Levantar la caja es demasiado difícil. Podemos aplicar una fuerza para arrastrarla en vez de levantarla. Fuerza es tirar o empujar. Nos turnamos para empujar y tirar de la caja sobre la alfombra. Hacemos mucha fuerza cada vez que empujamos o tiramos, pero la caja apenas se mueve. Sólo avanza unas pulgadas cada vez.

La caja se mueve despacio a causa de la fricción. La fricción es una fuerza entre la caja y la alfombra rugosa. La fricción resiste nuestros tirones y empujones. Detiene o frena los objetos en movimiento. Hay mucha fricción entre la caja y la alfombra. Sin embargo, pronto no tendremos que empujar y tirar con tanta fuerza. Sabemos que habrá menos fricción en el piso de madera.

Es difícil arrastrar la caja por la alfombra.

Es fácil deslizar la caja por el piso de madera, que es liso.

Empujamos la caja hasta el piso de madera. Este piso es liso. Es casi como hielo. Hay menos fricción entre la caja y el piso de madera lustrada. La caja se desliza rápidamente hacia la puerta.

11

Arrastramos la caja por los escalones de la entrada y nos dirigimos al parque.

Capítulo 2

MÁQUINAS SIMPLES

Es difícil arrastrar la caja por la acera. El cemento es muy áspero y desigual. Hay mucha fricción entre el fondo de la caja y la acera. Después de mover la caja una corta distancia, nos cansamos.

No podemos cargar la caja hasta el parque. Sería demasiado trabajo. Necesitamos una máquina. Una máquina es una herramienta que facilita el trabajo.

La acera es muy áspera. Es difícil empujar la caja.

No podemos arrastrar la caja hasta el parque. Sería demasiado trabajo!

Si usáramos un automóvil, podríamos llevar la caja al parque en poco tiempo. Nuestro trabajo sería muy fácil! Sin embargo, el automóvil es una máquina compleja. Tiene muchas partes móviles.

Sería difícil de usar. Además, no tenemos edad suficiente para conducir. Necesitamos una máquina simple. Qué usaremos?

ZZ tiene una idea. Conoce una forma fácil de llevar nuestras cosas al parque.

¡Ya sé! ¡Podemos usar un carro! Nuestro carro está hecho con una máquina simple llamada rueda y eje. El eje es una barra que atraviesa el centro de una rueda. Cuando la rueda gira, el carro se mueve por la acera. Cada rueda sólo toca el suelo en un pequeño punto. Por lo tanto, casi no hay fricción.

Subimos la caja al carro.

¡Es fácil arrastrar el carro!

El carro es la manera perfecta de llevar la caja al parque. Sus ruedas y ejes facilitarán nuestro trabajo. De esta manera, llegaremos al parque sin cansarnos. Subimos la caja al carro. Sus ruedas y ejes hacen que nuestro trabajo sea más fácil y rápido.

ZZ e Hipocito nos ayudaron a llevar nuestras cosas al parque. Ahora se fueron a jugar béisbol. Los volveremos a ver después.

Capítulo 3

EN EL PARQUE

ZZ e Hipocito se fueron a jugar béisbol, pero Ryan y Michael nos acompañarán en esta aventura.

¡Ahí viene Ryan! Tiene puestos unos patines en línea. Las ruedas de los patines giran rápidamente. Patinar rápido es divertido, pero ahora Ryan necesita detenerse. Avanza hasta el césped. La fricción entre los patines y el césped disparejo lo frena. Es fácil detenerse. Ryan se sienta y se quita los patines.

Patinar en el césped ayuda a Ryan a reducir la velocidad.

Michael saca arena con una pala.

Alex ve algo nuevo. ¡Es una polea! Una polea es una rueda que tiene una cuerda alrededor. La cuerda encaja en un surco que rodea el borde de la rueda. Es excelente para subir una pala con arena. Estamos ansiosos por probarla.

Michael se queda abajo. Alex y Ryan suben hasta arriba. Michael llena la pala con arena.

La pala está atada a una cuerda. La cuerda pasa por la polea. Cuando Alex tira de la cuerda hacia abajo, la pala sube. Ryan toma la pala y se la pasa a Alex. Ella echa la arena en un embudo. La arena se va por el embudo y vuelve al suelo. Es mucho más fácil usar la polea que subir y bajar cargando la pala. Además, es más divertido.

Alex tira de la cuerda hacia abajo. Ahora Ryan puede tomar la pala llena de arena.

🏃 *Una resbaladilla es una máquina simple llamada plano inclinado.*

La parte alta del juego es magnífica para que sea nuestra base. Allí podremos guardar nuestras cosas. Sin embargo, no podemos subir cargando la caja pesada y no queremos hacer muchos viajes. Es demasiado trabajo. Necesitamos otra máquina simple. ¿Qué usaremos?

¡Ya sé! ¡Podemos usar la resbaladilla! Una resbaladilla es una máquina simple que se llama plano inclinado. Un plano inclinado es una superficie plana que está inclinada. La superficie de la resbaladilla es lisa y tiene una pendiente. Apenas hay fricción. Es perfecta para que subamos la caja.

Atamos la cuerda a la caja y tiramos de ella hacia arriba por la resbaladilla. Ahora nuestras cosas están en la base. Y no estamos para nada cansados. El plano inclinado nos facilitó mucho el trabajo. Nos queda mucha energía para nuestra aventura.

 Ryan tira de la cuerda y la caja sube por la resbaladilla.

Ryan lleva a Alex en el carro.

Capítulo 4

SAFARI

Es hora de buscar animales. Cargamos algunas cosas en el carro. Ahora estamos listos para nuestro safari.

Alex va en el carro. No hace ningún trabajo, pero Ryan trabaja mucho. Aplica una fuerza para mover a Alex una gran distancia.

24

Cada vez es más difícil tirar del carro. El suelo debe tener una suave pendiente hacia arriba. Ryan detiene el carro y Alex se baja.

Es demasiado difícil llevar a Alex cuesta arriba.
Ella se baja del carro y camina.

25

Cuando soltamos el carro, ¡baja rodando
por la pendiente!

El carro vacío comienza a rodar. Cogemos el
mango antes de que llegue muy lejos. Si lo
soltamos, se va rodando otra vez. Eso es un
problema. Correr detrás del carro no es divertido y
nadie quiere sujetar el mango porque sería aburrido.
Necesitamos otra máquina simple. Qué usaremos?

¡Ya sé! ¡Podemos usar trozos de corteza! Un
trozo de corteza puede usarse como máquina
simple. Esta máquina simple se llama cuña.

Unos cuantos pedazos de corteza nos ayudarán a resolver el problema del carro.

Ponemos la corteza detrás de las dos ruedas traseras. Las ruedas se mueven hasta la corteza, pero ésta empuja contra ellas. Esta fuerza hace que la rueda se detenga. Nuestro carro ya no se va rodando. No irá a ningún lado hasta que quitemos las cuñas hechas con trozos de corteza. Ahora todos podemos buscar animales.

 Alex coloca trozos de corteza detrás de las ruedas del carro.

 *Los trozos de corteza son cuñas. Impiden que el carro ruede.*

Unas ardillas trepan a toda prisa por un árbol cercano. Se escucha su fuerte parloteo. Una urraca chilla mientras vuela encima de nosotros. Pero estos animales no son lo suficientemente salvajes y extraños para nosotros. Las criaturas extrañas viven en lugares húmedos y oscuros. Sabemos que estará húmedo y oscuro debajo de unas piedras grandes que están cerca del carro.

Tratamos de mover una. Empujamos, tiramos, pero la piedra no se mueve. Es muy pesada. Tendríamos que trabajar mucho para moverla. Necesitamos otra máquina simple. ¿Qué usaremos?

La piedra grande es demasiado pesada para levantarla.

El bate de béisbol nos ayudará a levantar la piedra pesada.

¡Ya sé! ¡Podemos usar el bate de béisbol! Un bate de béisbol se puede usar como máquina simple. Esta máquina simple se llama palanca y nos ayudará a mover la piedra.

Metemos el extremo delgado del bate bajo la piedra. Luego empujamos hacia abajo. El bate se hunde en el suelo. La roca no se mueve para nada. Pero no nos rendimos. Tenemos una idea que puede resolver el problema.

Alex empuja el bate hacia abajo, pero la piedra sigue sin moverse.

Encontramos una roca pequeña. La ponemos bajo el bate, cerca de la piedra grande, y empujamos de nuevo hacia abajo. Ahora el bate levanta la piedra grande. El bate y la roca pequeña forman una buena palanca. Nos apresuramos a meter otra roca pequeña bajo la piedra grande. Así no se caerá.

Alex pone una roca pequeña bajo el bate. Empuja el bate otra vez hacia abajo. ¡Ahora sí puede levantar la piedra grande!

Debajo de la piedra viven muchas criaturas extrañas.
Ryan usa una lupa para verlas mejor.

Muchos bichos raros salen corriendo de abajo
de la piedra. ¡Nuestro safari es un éxito!

*Es hora de volver
a la base.*

Capítulo 5

HORA DE UN BOCADILLO

Nuestra aventura nos dio hambre. Decidimos volver a la base. Ponemos el bate otra vez en el carro. Quitamos las cuñas de atrás de las ruedas.

Ahora la pendiente es hacia abajo. El carro rueda hacia abajo por un plano inclinado. La pendiente es una máquina simple. Hace que tirar del carro de vuelta a la base sea más rápido y fácil.

Trepamos por la escalera del juego para subir a nuestra base. Es hora de un bocadillo.

 *Trepamos por la escalera hasta la parte superior del juego.*

35

Si no tuviéramos dientes, sería un trabajo difícil comer una manzana. Sin embargo, tenemos máquinas simples dentro de la boca. La punta de los dientes delanteros son cuñas. Cuando mordemos, los dientes abren la manzana. Hacen que el trabajo de comer sea más fácil.

¡Tanto trabajo nos ha dado mucha hambre!

Los dientes delanteros de Michael son cuñas.
Le ayudan a morder la manzana.

Trajimos una botella de jugo. La tapa de la
botella es una máquina simple. ¿Qué clase de
máquina es?

¡Ya sé! ¡Es un tornillo! El surco en espiral de la tapa es una máquina simple llamada tornillo. Sería mucho trabajo quitar la tapa tirando de ella. Tendríamos que usar toda la mano y el brazo. Es mucho más fácil desenroscar la tapa. Sólo la giramos con los dedos.

La tapa de la botella es un tornillo. Si la giramos hasta que quede ajustada, el jugo no se sale.

Ryan se desliza por la resbaladilla con la caja.

Se está haciendo tarde. Debemos volver a casa.
Enroscamos la tapa para que el jugo no se derrame.
Luego ponemos la basura y las otras cosas de
vuelta en la caja. Deslizamos la caja hacia abajo
por el plano inclinado. Luego la cargamos en el
carro. Nos despedimos de Ryan y Michael. Nos
encontramos con ZZ e Hipocito y volvemos a casa.

Abandonamos el parque y volvemos a casa.

Capítulo 6

CÓMO FACILITAR EL TRABAJO

Hoy trabajamos mucho. Cada vez que movimos un objeto de un lugar a otro realizamos un trabajo. Sin embargo, tuvimos mucha energía para hacerlo todo. Las máquinas simples facilitaron el trabajo. También nos ayudaron a que fuera más rápido.

Hoy nos hemos divertido. Nos divertimos
porque usamos máquinas simples. Las máquinas
nos ahorraron tiempo y energía.

Hipocito tira del carro por la acera.

Descansamos en los escalones de la entrada antes de guardar las cosas. Hablamos de nuestra aventura.

La gente que usa máquinas simples puede hacer su trabajo con mayor facilidad. Además, pueden trabajar más rápido. Usar máquinas nos da una ventaja. Una ventaja es una mejor oportunidad de realizar nuestro trabajo. Usar una máquina simple es casi como tener un ayudante. No tenemos que hacer todo el trabajo, y esto es una gran ventaja.

Nos gusta tener esa ventaja. La próxima vez que vayamos de aventura, volveremos a usar máquinas simples. Las usaremos siempre que tengamos que hacer un trabajo. ¿Qué usarás tú?

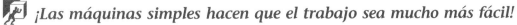 *¡Las máquinas simples hacen que el trabajo sea mucho más fácil!*

SOBRE COMPARTIR UN LIBRO

Al compartir un libro con un niño, le demuestra que leer es importante. Para aprovechar al máximo la experiencia, lean en un lugar cómodo y silencioso. Apaguen el televisor y eviten otras distracciones, como el teléfono. Estén preparados para comenzar lentamente. Túrnense para leer distintas partes del libro. Deténganse de vez en cuando para hablar de lo que están leyendo. Hablen sobre las fotografías. Si el niño comienza a perder interés, dejen de leer. Cuando retomen el libro, repasen las partes que ya han leído.

Detective de palabras
La lista de palabras de la página 5 contiene palabras que son importantes para entender el tema de este libro. Conviértanse en detectives de palabras y búsquenlas mientras leen juntos el libro. Hablen sobre el significado de las palabras y cómo se usan en la oración. ¿Alguna de estas palabras tiene más de un significado? Las palabras están definidas en un glosario en la página 46.

¿Qué tal unas preguntas?
Use preguntas para asegurarse de que el niño entienda la información de este libro. He aquí algunas sugerencias:

> ¿Qué nos dice este párrafo? ¿Qué muestra la imagen? ¿Qué crees que aprenderemos ahora? ¿Si empujas un árbol, pero el árbol no se mueve, has hecho trabajo? ¿Por qué? ¿Qué superficie tiene más fricción, una lisa o una áspera? ¿Cuántos tipos de máquina simples puedes mencionar? ¿Cuál es tu parte favorita del libro? ¿Por qué?

Si el niño tiene preguntas, no dude en responder con otras preguntas, tales como: ¿Qué crees? ¿Por qué? ¿Qué es lo que no sabes? Si el niño no recuerda algunos hechos, consulten el índice.

Presentación del índice
El índice ayuda a los lectores a encontrar información sin tener que revisar todo el libro. Consulte el índice de la página 47. Elija una entrada, por ejemplo *fricción*, y pídale al niño que use el índice para averiguar cómo la fricción hace que el trabajo sea más difícil. Repita este proceso con todas las entradas que desee. Pídale al niño que señale las diferencias entre un índice y un glosario. (El índice ayuda a los lectores a encontrar información, mientras que el glosario explica el significado de las palabras.)

44

MÁQUINAS SIMPLES

Libros

Baker, Wendy y Andrew Haslam. *Machines.* **Nueva York: Two-Can Publishing Ltd., 1993.** Este libro ofrece muchas actividades educativas y divertidas para explorar las máquinas simples.

Burnie, David. *Machines: How They Work.* **Nueva York: Dorling Kindersley, 1994.** Comenzando por descripciones de máquinas simples, Burnie explora las máquinas complejas y cómo funcionan.

Hodge, Deborah. *Simple Machines.* **Toronto: Kids Can Press Ltd., 1998.** Esta colección de experimentos muestra a los lectores cómo construir sus propias máquinas simples con artículos domésticos.

Van Cleave, Janice. *Janice Van Cleave's Machines: Mind-boggling Experiments You Can Turn into Science Fair Projects.* **Nueva York: John Wiley & Sons, Inc.: 1993.** Van Cleave anima a los lectores a usar experimentos para explorar cómo las máquinas simples facilitan el trabajo.

Ward, Alan. *Machines at Work.* **Nueva York: Franklin Watts, 1993.** Este libro describe las máquinas simples y presenta el concepto de máquinas complejas. Contiene muchos experimentos útiles.

Sitios Web

Brainpop—Simple Machines
http://www.brainpop.com/tech/simplemachines/ Este sitio tiene páginas con imágenes llamativas sobre palancas y planos inclinados. Cada página presenta una película, caricaturas, un cuestionario, historia y actividades.

Simple Machines
http://sln.fi.edu/qa97/spotlight3/spotlight3.html Este sitio presenta información breve sobre las seis máquinas simples, provee vínculos útiles relacionados con cada una e incluye experimentos para algunas.

Simple Machines—Basic Quiz
http://www.quia.com/tq/101964.html Este desafiante cuestionario interactivo permite a los nuevos físicos probar sus conocimientos sobre el trabajo y las máquinas simples.

GLOSARIO

cuña: objeto delgado en un extremo y grueso en el otro. Tus dientes delanteros son cuñas

eje: barra que atraviesa el centro de una rueda

fricción: fuerza producida cuando dos objetos se rozan. Detiene o frena los objetos en movimiento.

fuerza: tirar o empujar

máquina: herramienta que facilita el trabajo

máquina compleja: máquina que tiene muchas partes móviles

máquina simple: máquina que tiene pocas partes móviles

palanca: barra rígida que se usa para mover otros objetos

plano inclinado: superficie inclinada

polea: rueda que tiene una cuerda alrededor. La cuerda encaja en un surco que rodea el borde de la rueda.

tornillo: pieza de fijación que tiene un surco en espiral alrededor. La tapa de un frasco es un tornillo.

trabajo: mover un objeto de un lugar a otro

ÍNDICE

Las páginas indicadas en **negritas** hacen referencia a fotografías.

Acerca de los autores

Sally M. Walker es autora de muchos libros para lectores jóvenes. Cuando no está investigando o escribiendo libros, la Sra. Walker trabaja como asesora de literatura infantil. Ha enseñado literatura infantil en la Universidad del Norte de Illinois y ha hecho presentaciones en muchas conferencias sobre lectura. Sally vive en Illinois con su esposo y sus dos hijos.

Roseann Feldmann obtuvo una licenciatura en biología, química y educación en la Universidad de St. Francis y una maestría en educación en la Universidad del Norte de Illinois. En el área de la educación, ha sido maestra, instructora universitaria, autora de planes de estudio y administradora. Actualmente vive en Illinois, con su esposo y sus dos hijos, en una casa rodeada por seis acres llenos de árboles.

Acerca del fotógrafo

Andy King, fotógrafo independiente, vive en St. Paul, Minnesota, con su esposa y su hija. Andy se ha desempeñado como fotógrafo editorial y ha completado varias obras para Lerner Publishing Group. También ha realizado fotografía comercial. En su tiempo libre, juega al básquetbol, pasea en su bicicleta de montaña y toma fotografías de su hija.

CONVERSIONES MÉTRICAS

CUANDO ENCUENTRES:	MULTIPLICA POR:	PARA CALCULAR:
millas	1.609	kilómetros
pies	0.3048	metros
pulgadas	2.54	centímetros
galones	3.787	litros
toneladas	0.907	toneladas métricas
libras	0.454	kilogramos